조용중 두 번째 시선집
내가 먼저 숲이 되어

조용중 두 번째 시선집

내가 먼저 숲이 되어

다산글방

두 번째 발간사를 쓰며

이번엔 쓰지 않으려고 했었다.

큰오래비로부터 발간사 부탁이 있었으나, '우리 집에서 큰오래비의 문장력을 따를 자가 없으려니와 이제는 작가가 전면(前面)에 나서야 할 때'라며 오래비가 직접 쓸 것을 강력 권유하였다.
  그러나 오래비의 첫 번째 시집 〈세내교 다리 아래서〉 발간사에서 미처 못다 한 이야기가 있어 한 번 더 쓰기로 했다.

큰오래비는 내 인생에 큰 가르침을 주었던 스승이다. 즉 오래비 이전에 존경하는 스승이자 정신적 지주였던 것이다. (물론, 지금도 그러하다.)
  관련하여, 오래비를 생각하면 흐뭇하게 떠오르는 일화들이 있다.

내가 초등학교 고학년도 채 되지 않았을 무렵, 오래비가 고교에서 배운 한시(漢詩)를 시골집 안방에 있던 큰 거울에 쓰며(그것도 세로로) 열심히 설명을 해주었던 기억이 난다. 물론, 내가 이해했을 리는 만무

하건만 한문에 대해 내 또래보단 쉽게 다가가는 계기를 마련해 준 것 같다.

또 중학교 입학 전, 겨울방학을 이용하여 오래비가 영어 알파벳을 가르쳐주었다. 본인은 누가 가르쳐주질 않으니 중학교에 들어가서야 A, B, C, D … 를 배웠노라며, 본인이 겪었던 불편함을 동생에게는 물려주고 싶지 않아 영어 교육을 자청했던 것이다. (그 당시 우리집은 시골인지라 집 주변에 학원도 없었으려니와, 시대적으로도 지금처럼 사교육이 활성화되지 않았었다. 그리고 당시에는 중학교에 들어가면 그때부터 영어 알파벳을 가르치던 시기였다.)

알파벳 대문자, 소문자, 필기체를 모두 떼고 나니, 마지막으로 26개 알파벳의 발음기호도 설명해주었다.

나의 게으름으로 영어공부를 꾸준히 하지 않아서 그렇지, 오래비 수고 덕분인지 중 1때는 제법 영어를 잘했던 것 같다.

마지막으로 나의 결혼 전날 밤, 환갑을 앞두고 작고하셨던 아버지를 대신하여 나에게 주었던 조언이 지금도 떠오른다.

　사람들이 생각하는 것처럼 결혼생활은 낭만적이기만 한 것은 아니라며, 두 오래비를 비롯하여 모든 사람들이 힘겨운 점들도 많지만 서로 인내하고 배려하며 살아가는 거라고. 오죽하면 세상 사람들이 '결혼은 연애의 무덤'이라거나, 또 어떤 이는 '결혼은 돛 없는 항해와 같다'라고 했겠느냐며.

　결혼 전날 밤의 이 조언이, 내가 결혼생활을 영위하는 데 있어 훌륭한 셰르파(sherpa) 역할을 하고 있다는 걸 아마도 큰오래비는 모르고 있으리라……

　이외에도 내 인생의 요소요소에서 가르침을 주었던 큰오래비가, 외적 성공으로 모든 것을 판가름하는 세상에서 시대에 부응하지 못한 듯하여 무척 속상하고 가슴이 아팠다. 우리 오래비는 세상의 잣대로 판단해선 안 될 사람이라고, 이 책(시)을 보면 알 것이라고 말하고 싶었었는지 모르겠다.

'청출어람이청어람(靑出於藍而靑於藍) 빙수위지이한어수(氷水爲之而寒於水)'라 하였으나, 종국엔 푸른색도 쪽에서 나왔으며 얼음도 물에서 만들어지지 않았겠는가!
	나의 큰 스승인 오래비가 내 인생의 항로에 영원한 나침반이 되고 돛이 되어 주길 바란다.

2023년 1월 1일
다락방의 소녀가

작가의 말

 지난 해 6월 회갑을 맞이하여 〈세내교 다리 아래서〉를 출간한 지 어느덧 반년이 흘렀다.
 그 책의 발간사에 쓰여 있다시피, 중학교 국어교사로 재직 중인 첫째 여동생이 나의 회갑 선물로 시집출판을 준비했던 모양이다.
 나중에야 이 사실을 알게 된 나는 한편으로는 기쁘면서도 다른 한편으로는 부끄러운 마음이 없지 않아 있었다. 왜냐하면 그동안 내가 쓴 시들은 자조적인 넋두리나 직정적인 한풀이 등 지극히 사적인 내용이 대부분이어서, 이것을 공개했을 때 '과연 일반 독자들에게 공감을 줄 정도의 보편성을 확보하고 있을까' 하는 우려가 있었기 때문이다.
 그리하여 마치 서랍 깊숙이 간직했던 내밀한 일기장을 꺼내어 내미는 듯 선뜻 마음이 내키지 않았지만, 동생들의 성의도 있고 해서 출판을 허락했던 것이다.
 그런데 뜻밖에도 이 책에 대한 반응이 상당히 호의적이어서 용기와 자신감을 얻게 되었다. 뿐만 아니라 놀랍게도, 그동안 내 가슴속에 켜켜이 쌓여있던 갈증이나 울분이 다 빠져나가 말끔하게 해소된 듯

뭔가 개운하고 행복한 기분이 들었다. 그래서 그런지 오랫동안 얼음 조각처럼 안으로만 침잠하던 마음이 조금씩 기체가 되어 밖으로 확산됨을 느꼈다.

이제는 좌절하고 부정하고 갈망하기보다는, 만족하고 긍정하고 사랑하고자 했다. 그렇게 쓴 글들이 다수 모였다. 마지막 6부를 제외하고는 〈세내교 다리 아래서〉 출간 이후 100일 동안 하루하루 기도하는 마음으로 쓴 시들이다.

언제나 변함없이 지지해준 어머니,
언제나 다소곳이 따라준 믿음직한 동생들,
무능한 가장을 탓하지 않고 서로 의지했던 가족들, 그리고
멀고 가까운 곳에서 응원해준 모든 분들에게
감사의 마음을 전한다.

2023년 1월 1일
효자동 우거(寓居)에서 조용중

차례

1
내가 먼저 숲이 되어

내가 먼저 숲이 되어	18
숨바꼭질	19
전설의 악기를 찾아서	20
오동나무	24
오솔길	26
홍역	27
단편극장	28
나팔꽃 덩굴	30
군자란	31
신호등	32
당신은 너무 눈부셔	33
백야	34
참나무와 겨우살이의 사랑법	36
능소화	37
시계	38
밀물과 썰물	40
비는 다시 오는데	42
너를 만나기 전	44
그리움 2	46
사랑 삼계명	47

2
욕망의 변증법

욕망의 변증법	50
버들피리	52
저수지	54
마음	56
빈 칸 채우기	58
석양	60
남은 잎은 단 한 장	61
단풍철의 명상록	62
앨범	63
눈사람	64
바람개비	67
기죽지 말고 살어	68
그네	70
늦가을	71
겨울나무	72
터널의 노래	73

차례

3 시 쓰는 기쁨

시 쓰는 기쁨	76
마네킹 옷걸이	77
하회마을에서	78
질량보존의 법칙	80
중독	81
생일	82
단풍잎 오남매	83
억새밭 길을 걸으며	84
자식을 낳고서야 겨우 알았네	86
벌초	88
아들의 입대	90
관포지교	92
내 빗질의 변천사	93
문맹의 현대화	94
모자	95
돈과 명예	96
이팝꽃	98
고드름	99
물을 끓이며	100

4

환상역 대합실에서

환상역 대합실에서	104
돌탑	105
부용정	106
매화찬	107
초상화	108
첫 비행	109
환승역	110
바른쪽 길로 갈거야	111
기다림	112
비밀은 없다	114
기찻길	115
섬	116
여우비 장대비	117
홍시 2	118
수양버들 2	119
당산역에서	120
치명자 산에서	122

차례

5
나뭇잎의 화석학

나뭇잎의 화석학	126
고추잠자리	127
아파트	128
군경묘지에서	129
물	130
거울과 저울	131
만물의 심리학, 접지선의 원리	132
소리의 심리학	134
등산의 이유	135
두 발 자전거	136
환절기 유감	137
동백꽃	138
죽부인	139
석류	140
대나무	142
배롱나무	143
곰솔나무	144
신은 있는가라는 질문에 대하여	145
우정의 수학공식	146
이진법 인생	147

6

산은 항상 그곳에 있었다

산은 항상 그곳에 있었다	150
시계와의 동거	152
오일팔 직후	154
기도	156
새벽예불	158
영월암 가는 길	160
도토리묵	162
울타리	163
탁란	164
칫솔	165
석산	166
벚꽃이 필 무렵	167
늙은 호박	168
억새밭	169
연하장	170
불면	171
달의 항해	172
바람소리	173
오줌싸개의 추억	174
친구	175

1

내가 먼저 숲이 되어

내가 먼저 숲이 되어

내 마음이 적막강산일 때
나는 그 산에
한 그루 나무를 심어야 하리

메마른 땅에 강물을 대고
호젓한 숲을 가꾸어
한 마리 새를 불러야 하리

낮은 언덕에 작은 집 짓고
아리따운 신부를 기다리듯이

내가 먼저 숲이 되어 깃들 곳을 만들 때
새들이 알고 찾아와 즐거운 노래 부르리

숨바꼭질

네가 보이지 않아도 나는 너를 느낀다

너에게서는 아카시아 꽃 냄새가 난다

나는 그 향기를 찾는 벌이 되어서 좋다

전설의 악기를 찾아서

#1
자명고(自鳴鼓)

나는 여태 사랑을 몰랐어라
당신을 알기 전까지는
내 안에 북 하나 있는 줄 몰랐어라

그대 안 이후
내 가슴 속 북소리 처음 들었네

그대 모습 보이지 않아도 발자국 소리
점점 더 커져가네

그대 모습 보이지 않아도 발자국 소리
점점 더 빨라지네

아! 나는 여태 사랑을 몰랐어라
당신을 알기 전까지는
내 안에 북 하나 있는 줄 몰랐어라

#2

만파식적(萬波息笛)

저렇게 깊은 바다도 그리움에 몸부림치고
저렇게 넓은 바다도 이별 앞에 흐느끼는가

나는 한때 사랑을 잃고 대범한 바다가 싫었었다
까짓 거 잊으면 되지
뭐 그딴 일로 그딴 일로 조소하는 바다가 싫었었다

그래, 직접 겪어보지 않으면 말하긴 쉽지
이별이 참기 힘든 건 외로움이 아니라
바로 그 사람이 없어서 그렇다는 걸
이제는 너도 알겠지

사랑은 언제든 다시 할 수 있지만
그 사랑은 또 다른 사랑이란 걸
언젠가는 너도 알거다

이별 앞에서 대범한 채 할 거 없다
슬픔 앞에서 괜찮은 척 할 거 없다
그리우면 몸부림치고 아프면 우는 거다

오늘 내 앞에서 처음으로 속보인 네가
단언컨대 처음으로 내 맘에 들었다
울음을 그쳐도 딸꾹질은 금방 가라앉지 않듯이
네 안에 요동치는 파도를 그냥 쉽게 잠재워 줄 피리는 없다
실컷 울어라
실컷 몸부림쳐라
보물은 시간 속에 숨겨져 있으니 그때까지

오동나무

사랑하는 이여!
그대 오늘은 내 얘기 듣고 싶지 않은가

내 속은 원래 야망뿐이었으나
어느 날 갑자기 싹튼 사랑이 야망을 밀어내고
빈자리 한 구석을 차지했노라

그 사랑은 너무도 빨리 자라
언제인가 야망을 몰아내고
아예 나의 전부를 차지했노라

그 사랑은 내가 참고 기다리는 힘이며
그 사랑은 내가 울고 웃는 이유가 되었노라

그대가 처음 나를 찾았을 때의 기쁨과
그대가 처음 나를 안았을 때의 전율과
그대가 처음 나를 떠났을 때의 슬픔이
이 가슴 속에 고스란히 새겨져 있노라

사랑하는 이여!
그대 오늘은 내 얘기 듣고 싶지 않은가

나는 마음이 떨려 몸을 가누지 못하고
혀마저 굳어 한마디 말도 할 수 없노라
그대 내 얘기 듣고 싶거든 나에게 실을 다오
내게 실을 주어 그대 손가락만 얹으면
깊디깊은 이 마음속을 한없이 들을 수 있을 것을

오솔길

나무는 모여서 숲이 되고

너 없는 나는
그 숲을 가르는 오솔길

너는 듣는가
나의 노래를

바람 부는 숲속에
홀로 우는 새

홍역(紅疫)

그날이 언제였을까
내가 처음 너를 만난 그날이

나는 지금 너를 너무 열망하는 나머지
온몸이 아프고 신열이 나는 구나

새색시 눈을 뜨던 붉은 꽃은
장소불문 수줍음을 내버렸으니
너 밖에 아무 것도 보이지 않는 구나

꽃 한 송이만으로 가득 차는 꽃병이
감당 못하는 것은 어찌 눈물뿐이랴

몸은 비록 야윌지라도 미운 정이 들었나
붉은 색깔만 봐도 내 가슴은 쿵쿵 뛰어라

단편극장

#1
월인천강지곡(月印千江之曲)

보자마자 당신과 사랑에 빠진 나
행여 나처럼 다른 이도
가슴마다 당신을 품은 건 아니겠지요

#2

호접몽(胡蝶夢)

당신과 헤어진 후
그 뜻밖의 이별이 제발 꿈이길 바랐지마는
오늘 아침 잠깨어
정말로 꿈이어서 얼마나 안도했는지 모릅니다

나팔꽃 덩굴

부끄러운 듯 얼굴은 붉힌다지만
입 모양은 언제나 사랑의 하트
쉬지 않고 속삭이는 그 말은 들릴 듯 말 듯
가녀린 팔로 허리 감고 목 감을 적에
뉘라서 감히 그 손을 뿌리치랴

군자란(君子蘭)

저기 봐 저기 푸르른 물결 위에
태양이 어둠을 뚫고 불끈 솟잖아

나는 봄의 신부가 되어
터지는 웃음을 감출 길 없네

아! 기쁨은 차고 넘치어
고루고루 나눠주고 싶어라

그대여! 이 마음을 받고 싶거든
오늘이 가기 전에 내 곁으로 와다오

신호등

휴대전화가 앗아가 버린 시간의 여백
이제 기다림은 어디 가서 배울까
서로가 서로에게 조금씩 다가갈 수 있는 길

내가 갈 때 네가 멈추어 서고
네가 갈 때 내가 멈추어 서는
교차로는 기다림의 유치원

빨간 불 앞에서 파란 불을 기다리는 건
왜 아직도 조바심이 나는 걸까
그 사람을 기다리듯 서있는 횡단보도 앞

내가 쉬며 너를 기다리고
네가 쉬며 나를 기다리는
신호등은 마음의 줄다리기

당신은 너무 눈 부셔

당신은 너무 눈 부셔

당신만 보면 누구나 벼락 맞은 듯

얼음

백야(白夜)

해가 지지 않는 나라,
나는 너의 식민지.

오!
빛의 제국이여!
나의 지배자여!

나는 반드시 너를 향해 잠이 들고
잠꼬대마저 네 품속에서 속삭이지만
밤을 빼앗긴 영토에서
한낮의 뜨거웠던 눈빛들은 모두 백일몽

어둠은 무기력한 패배가 아니라
두 눈 꼭 감고 기다리는 고백 같은 것

새벽이 지난 뒤의 아침은 오늘보다 더 밝을 것이니
살며시 다가오는 손바닥에 얼굴을 묻고 눈을 감거라
모르는 척 얼굴을 묻고 잠깐이라도 눈을 감거라

참나무와 겨우살이의 사랑법

너는 왜 허락도 없이 내 안에 둥지를 틀고
내 마음을 괴롭히는가

내 몸은 야위어가도 너는 늘 푸르기만 하구나

그래도 말로는 나 없이는 단 하루도 못 산다하니

나는 죽어도 차마 너를 떨칠 수가 없구나

능소화

대문 대신 담 밖으로
얼굴만 내미는 새색시야
혼자서 부끄럼 타지 마라

너를 보고 내가 웃는 건
나의 지난날을 생각함이니

까치발을 들고 섰던 그 사람도
지금 너만큼 활짝 폈을 테지만
나는 이제 그 이름을 잊었다

시계

당신은 정말 너무합니다

당신과 나
함께 한 시간이 얼마인데
추호도 봐주는 법 없으니

당신은 정말 너무합니다

늦으면 늦는 대로
빠르면 빠른 대로

이제는 내 기분 맞춰 줄 법도 한데

기다릴 줄도 모르고
서두를 줄도 모르는

당신은 정말 너무합니다

밀물과 썰물

너 그리워 바다로 가면
하루 종일 들썩이던 그날처럼
그날의 파도처럼 끝없이
밀려오는 상념들

상념이 상념을 부르면
두 볼이 젖을까봐
먼발치에 맴돌다 뒷걸음치는
밀물과 썰물

이해할 수 없어도 거부하지 않는 것,
그것은 사랑

촉촉한 두 눈은
준마처럼 수평선을 향해 마구 달리고
서러운 두 발은
백지장 같은 해변을 따라 천천히 걷지

해변을 걸으면
둘이 걷던 그곳을 나 홀로 걸으면
모래 위 발자국처럼 끝없이
이어지는 추억들

추억이 추억을 부르면
마음이 아플까봐
외 발자욱 지우고 달아나는
밀물과 썰물

바다는 잊으라지만 나는 걷고 또 걷네

비는 다시 오는데

비는 다시 오는데
봄은 다시 오는데

봄비는 이슬비

오는 비는 이슬비라도
메마른 대지는 크게 우누나

그리움이 먹구름처럼 밀려오는 날
살며시 적시고 가는 빗방울

비는 다시 오는데
밤은 다시 오는데

밤비는 이슬비

오는 비는 이슬비라도
목마른 생명은 깊게 우누나

외로움이 폭풍우처럼 몰아치는 날
살며시 적시고 가는 빗방울

너를 만나기 전

널 보면 어떻게 할까

악수를 할까
포옹을 할까

내가 널 그리듯 너도 나를 그리워했을까
아니 어디서 어떻게 살았느냐고 안부를 먼저 묻자

나는 뭐라고 할까
대답대신 눈물이 날것만 같아

나는 너 하루도 잊은 날 없는데
어쩌다가 이렇게 오래토록 만나지 못했을까

지나간 기억을 더듬어보자
서로의 아픔을 보듬어보자

앞으로는 자주 만나자
그렇게 다짐할 수 있을까

막상 널 보면 어떻게 될까

그리움 2

이별은 이미 오래 전인데
너는 아직도 꿈속까지 찾아와
온 밤을 헤매이느냐

보고 또 봐도
무슨 미련이 더 남았기로
잘 가라는 말은 차마 못하겠구나

사랑의 삼계명(三誡命)

그대 누군가를 사랑한다면
제일은 괴롭히지 않기
사랑은 그 고통을 자기가 대신하는 것

그대 누군가를 사랑한다면
제이는 상처주지 않기
사랑은 그 아픔을 자기가 대신 하는 것

그대 누군가를 사랑한다면
제삼은 놓아주기
사랑은 그 속박을 자기가 대신하는 것

2

욕망의 변증법

욕망의 변증법

서리 맞은 나뭇잎이 시들어가듯
사람의 욕망도 서서히 식어간다

몸속에 남은 기름 얼마 없으니
불꽃은 당연히 꺼져 가리라

나무는 겨울이 되어서야
비로소 자유를 얻었으니

여름내 시달렸던 무더위도
젊은 시절 한창때의 혈기였던가

모든 것이 마음에 달려있다는
그 말을 이제는 믿지 않는데

쉼 없는 바람은
마른 가지를 괴롭히누나

버들피리

내 맘 깊은 곳에 무언가
겨울잠 깨는 소리
바스락바스락

내 맘 깊은 곳에 누군가
겨울잠 깨는 소리
부스럭부스럭

나는 여태껏 무수한 손짓만 하였지
한 번도 소리 내지 않았었구나
빛이 있기 전에 말씀이 먼저 있었나니
천지만물은 호명(呼名) 뒤에 비로소 그 모습을 드러내니라
암흑 속에 잠자고 있던 수많은 말들이여
동굴 밖으로 나와서 서로의 민낯을 보자

얼마나 많은 슬픔과 기쁨이 내 안에 있었던가
하고픈 말들은 마음껏 외쳐보자
아자차카 타파하 수수리 사바하

얼마나 많은 희망과 기대가 내 안에 있었던가
보고픈 사람은 목청껏 불러보자
아기다리 고기다리 던너 그건 너

저수지

잘 익은 벼들이 바람에 출렁거릴 때 저수지는 축배주를 마신다
술기운 얼큰하게 오른 탱고의 물결은 무도장처럼 술렁거린다

나는 여름날의 허기진 저수지를 잘 알고 있다
먹이고 또 먹여도 오히려 더 크게 벌어지는 입들이 문제였다
먹고산다는 것은 언제나 밑 빠진 독에 물 붓기였다

이제 풍년이 되어 저수지는 주린 배를 채우고 가을을 즐긴다
잘 모르는 사람들은 이 엉뚱한 축제가 당혹스럽다
그렇지만 저수지는 구태여 누구의 풍년인지 따지지 않는다
저수지가 얼마나 큰 그릇인가를 사람들은 깜빡 잊는다

지난여름 저수지는 제 가진 것을 아낌없이 내주었다
그러면서도 행여 누가 볼세라 내민 손을 얼른 거두고
뒤돌아서서 시치미를 뚝 떼는 것이었다
남모르게 주는 것이 받는 자에 대한 최고의 배려라고 하였다

그래도 눈치 챈 누군가가 찾아와 고맙다고 인사를 하면
그런 소리 말라고 손사래를 저었다
고마운 것은 내가 아니라 비를 주신 하늘이라고,
그러니 나 말고 하느님께 감사하라고 하였다

자기 것을 나누는 것은 자선이 아니라 의무라고 여겼다
원래부터 자기 것이 아니라 하늘이 주신 것을 잠시 맡았다가
다시 내주는 것이라고 하였다
산다는 것은 분명 누군가에게 빚지는 것이라고 하였다
그러나 그 빚의 주인은 본디 우리가 아니라
하늘임을 알라고 하였다

마음

내 가슴속에는
창공(蒼空)이
들어있다네

저기
높이 나는 새같이
들뜬 기쁨이 있어

아침 해 뜨고
새 날이 오면

한바탕 놀다가 가는 구름

내 가슴속에는
창해(滄海)가
들어있다네

저기
외딴 등대같이
묵은 슬픔이 있어

저녁 해 지고
하루가 가면

남몰래 해안을 넘는 파도

빈 칸 채우기

나고 죽는 사람들
그 사이 빈칸만은 마음껏 쓰고자 해도
하늘은 관대하지 않구나

인생은 오직 선택형
선택은 자유지만 주어진 단어는 많지가 않네

늙고 병듦과
아픔과 고통은
신이 던져놓은 주사위

그날이 언제일지
찾아오는 시간만 다를 뿐
정해진 것은 정해진 대로
반드시 이루어지네

혹여 한 나라를 들어 바친다 해도
하늘은 결코 사정을 봐주는 법 없으니
아! 사람이여!
그대는 묵묵히 견디면 그뿐
울며불며 기도할 것 없으리

석양(夕陽)

하루 일을 마치고
이제 막 사우나에 몸 담근 사람의
얼굴을 보라

세상에서 그보다 아름답고 위대한 것은 없으리

최선을 다한 자의 흐뭇한 미소

남은 잎은 단 한 장

개학을 앞두고 밀린 숙제 하듯이

미루었던 일기를 몰아 쓰고 내친 김에
나머지 일기도 앞당겨 쓰듯이

숙제를 마친 나무는 축제를 꿈꾸며
일력(日曆)을 뜯었다

겨울은 아직 멀리 있는데
가지 끝에 남은 잎은 단 한 장

지나고 보니 숙제가 축제였다

단풍철의 명상록

가을이 오면 가진 것 모두 버리고
빈손으로 겨울을 기다리는 나무들

해마다 한 번씩 몇 번을 보았던가
솔선수범하는 나무는 인생의 스승

검은 머리 희어질 때 종착지도 멀지않다고
나무는 몸소 계절의 이정표를 알려주었네

단풍이 들면 창가에 앉아
책 한 줄 천천히 읽어야 하리

낙엽이 지면 옷깃을 여미고
겨울 맞을 준비도 해야만 하리

앨범

앨범속의 사진을 더블클릭하는 그 순간
나를 태운 기차는 광속으로 후진한다

차창 밖으로 휙휙 스쳐가는 시간은
낯익은 간이역에서 잠깐 멈추어 선다

수많은 사람들로 뒤엉킨 플랫폼,
희미한 추억도 여기에서 서성거린다

나는 마치 방관자처럼 객실에 앉아있지만
너무 빠르게 교차하는 잔상은 슬프다

눈사람

어떤 아이가 눈을 뭉쳐
자기 형상대로 사람을 창조하니
그것은 곧 눈사람이 되었다

밤이 되자 아이들은 모두 자기 집으로 돌아갔다

홀로 남은 눈사람은 생각했다
아침이 오면 물어보리라
도대체 나는 누구이며
도대체 나는 왜 여기 있는가

해가 뜨자 오히려 식은땀이 흘렀다
질문 대신 쏟아지는 감격의 눈물,
그 속에 답이 있었다

온몸으로 스미는 기쁨은
밤새 품었던 의문을 녹이고 있었다
지금 이 순간 따뜻한 햇살을
느끼면 되는 것이었다

남은 날이 얼마 없을지라도
햇살속의 눈처럼 기꺼이 녹아
물이 되면 그만이었다

삶은 어둠이 아니었다
죽음이 두려운 것도 아니었다
고향은 여기도 아니고 저기도 아니며
모든 것은 단지 까닭 없이 떠도는 것이었다

물소리가 들렸다
먹구름이 보였다
그리고
다시 눈이 내렸다

내가 누구든
내가 어디로 가든
그것은 중요한 것이 아니었다

아이들이 운동장에 다시 왔을 때
눈사람은 흔적도 없었다
전에 만든 눈사람은 까마득히 잊은 채
아이들은 마치 처음인 듯 그렇게
다시 눈사람을 만들고 있었다

바람개비

맞바람이 아니면
바람개비는 돌지 않는다

가슴이 뛰지 않을 때
마음속의 깃발을 살펴보라

기죽지 말고 살어

기죽지 말고 살어
차라리 빛 지고 살어

너무 밝은 해는 해가 될거야
단점만 까밝히는 건 친구가 아니야

용기 있게 해를 등지고
돌아서 걸어봐

너 말고
너 따라 함께 걷는
그림자를 바라봐

아무도 따라가지 마
그냥 너 혼자 씩씩하게 걸어가

어차피 정해진 길은 없어
네가 걷는 그곳이 곧 길이야

기죽지 말고 살어
차라리 빚 지고 살어

그네

어딘가 한 자리에 가만 못 있는 내 마음

공중으로 도움닫기하면

그는 기꺼이 날개를 달아준다

늦가을

발아래 낙엽이 수북이 쌓일 때
고개 들어 나무를 보라 하늘을 보라
고단했던 여름을 보내고 이제는 느긋해진
푸른 하늘 흰 구름 그 자태를 보라

먹구름 걷히고 밝은 태양이 드러나듯이
봄꽃 폈던 그 자리에 잘 익은 열매가 있고
알을 품던 새들의 보금자리가 있다
버티고 버티어 이 날까지 온 사람은 비로소
인고의 날들은 결코 헛된 것이 아니었음을 알리라

어두웠던 숲길은 하늘이 열려 멀리까지 앞이 보이고
새들은 이 나무 저 나무 옮겨 다니며 가을을 즐기리
두 눈은 꿈속을 거닐며 귀로는 노래 소리 들으니
날개달린 마음은 덩실덩실 춤을 추고 싶으리

겨울나무

디오게네스의 수탉처럼 털 뽑힌 나무들

인생은 두 발이 아니라 온몸으로 산다는 듯

어떤 시련도 마다 않고 묵묵히 서있네

터널의 노래

이제는 장막을 걷자
막힌 곳은 뚫어버리자

너와 나 까닭도 없이
서로 등지고 산 세월이 얼마인가

산천은 몇 번이나 변했던가
우리는 또 얼마나 변했을까

잘못은 용서하고 다름은 인정하고
마음을 활짝 열고 다시 만나자 우리는

높은 산은 깎아서 깊은 골은 메워서
물처럼 그렇게 다시 만나자 우리는

가슴은 맞대고 두 손은 맞잡고
앞으로 달려가자 내일은

3

시 쓰는 기쁨

시 쓰는 기쁨

하나님이 지으신 그 모든 것을 보시니
보시기에 심히 좋았더라

- 창세기 1장 31절 -

하나님께서 천지와 만물을 이미 다 창조하시니

피조물인 사람은 단지 그 말씀만으로 기쁨을 누리도다

필요한 것은 모두 다 갖추었는데 무엇을 더 바랄 것인가

나는 오직 감사할 뿐이로다

마네킹 옷걸이

친절한 주인은
벌거벗은 내게 옷을 주었다

캘빈 클라인
도나텔라 베르사체
코코 샤넬
크리스챤 디올

명사(名士)는 그 이름만으로 통하는 법
진정한 명사는 너는 누구냐고 질문 받지 않고
가슴에 달린 이름표로 숭배 받는다

똑똑한 손님은
이름 없는 내게 이름을 주었다

하회(河回) 마을에서

— K에게

흙과 물처럼 서로 다르게 만나
우리는 왜 그냥 스쳐가지 못하고
나는 너를 붙잡고
너는 내 곁을 맴돌고 있었나

아침부터 저녁까지 언제나 함께 있을 때
우리는 강물이 흐르는 줄 미치 몰랐다

시시한 안부 따위 묻지 않아도
속속들이 안다고 살았던 세월이
알게 모르게 조금씩 흘러
큰길 같은 마음 깊은 곳으로
구불구불 좁은 골목길 하나씩 생기었구나

어떤 날은 기와집 짓고
어떤 날은 초가집 지어
텅 빈 마음 위로할 적에
우리는 서로를 바라보지 못했었구나

크건 작건 이제는 한 마을을 이루어
비로소 흐르는 물길을 바라보노라
아침에 봤던 푸른 물결 위에
석양은 제 모습을 비추어 보느니
우리도 이제 다시 옛날처럼 구불구불 돌아서 가자

질량보존의 법칙

내가 아는 사장님의 특별교양강좌
제목은 질량보존의 법칙인데
내용은 인생론 강의

어디가나 맘에 안 드는 놈 하나는 꼭 있더라
그놈만 없어지면 살겠다 싶은데
그놈이 없어지면 또 다른 놈이 나타나
그놈이 되더라
세상사가 원래 다 그런 거니 속 끓이지 말고 살아라
그러려니 하고 살아라

벼룩 없는 강아지가 삶의 의미를 묻는다고
득도한 듯 하시는 말씀
버릇처럼 몇 번이고 되뇌는 말씀

중독

나는 맨 처음 느꼈던 그 맛을 잊을 수 없었다
그날 이후 내 생은 그 맛을 되찾기 위한 투쟁이었다
그래서 모든 것이 바뀌었다
중독은 도저히 끊을 수 없는 첫 경험의 끈질긴 유혹이다

생일

오늘은 생일을 맞아 케익 위에 촛불을 켠다
초 꽂은 자리가 좁다

박수치며 노래 부르고 촛불을 끈다
타다 만 촛대를 뽑다가 생각해본다

시간도 배추처럼 소금에 절였다가
조금씩 나누어 쓸 수 있다면 얼마나 좋을까

오늘은 생일을 맞아 케익 대신
내 나이 한 살쯤 덜어서 나누어 주고 싶다

단풍잎 오남매

가위 바위 보 놀이 하면
언제나 보 밖에 모르는 단풍잎

주먹다짐도 가위질도 할 것 없으니
결과는 언제나 무승부

그래도 재밌다고 활짝 웃는 오남매
그래서 예쁘다고 함박 웃는 어머니

억새밭 길을 걸으며

국군의 날 의장대 사열 받듯이
시월의 억새밭은
한 달 내내 열병식을 끝내지 않는다

좌우로 늘어선 장병들의 엄정한 군기에 놀란 듯
시민들은 갑자기 점잖을 빼며 걷는다
나는 집단에 대한 나쁜 기억으로 잠시 움찔하지만
부동자세로 경례하는 국민의 군대는 사랑스럽다

열중 쉬어!
편히 쉬어!

사실 따지고 보면 국군은 모두 우리의 자식들이다
자식들이 부모를 거역하는 패륜은 더 이상 없을 것이다

훤칠하게 서있는 자식들을 바라보며
겨울을 미리 걱정하지 않는다

자식을 낳고서야 겨우 알았네

자식을 낳고서야 겨우 알았네
어머니는 왜 고등어가 싫다고 하셨는지를
나도 이제 부모가 되어
자식들에게 내 몫을 나눌 때
어미의 기쁨이 되는 신비를 깨닫게 되었네

자식을 낳고서야 겨우 알았네
자식 이기는 부모 없다는 말의 참뜻을
나도 이제 부모가 되어
자식들에게 내 뜻이 꺾일 때
아비의 슬픔은 과연 옳은가 돌이켜 보았네

사랑도 만약 높이가 있다면
받는 것보다 주는 것이 더 높으리
사랑도 만약 넓이가 있다면
이기는 것보다 지는 것이 더 넓으리

쉬운 길은 누구나 갈 수 있지만
어려운 길은 아무나 갈 수 없기에
하늘 보다 높고 바다보다 넓은 부모의 은혜
자식을 낳고서야 겨우 알았네

벌초

추석을 앞두고 벌초하러 가는 날
세 남자는 모처럼 형제가 되어
한 무덤을 찾아서 산을 오르네

예부터 내려오는 말
등 굽은 나무가 선산을 지킨다더니
잘난 집 무덤은
망국의 궁터처럼 흉흉하구나

뽑고 또 뽑아도 불어나는 흰머리처럼
잔디를 해치는 잡초는 잘도 자란다
예나 지금이나
가족을 지키는 것이 이와 같으니
부모는 잠시도 쉴 수 없었다

자식들은 이제야 무덤가의 망초를 뽑고
흐뭇한 아버지는 생전처럼 낮술에 취해
흰나비 노랑나비 너울너울 함께 춤추네

아들의 입대

사십 년 전에 내가 입대할 적에
나는 강제로 끌려가는 현실에 분노했고
아버지는 울었다 한다

사십 년 후에 아들이 입대하는데
세상에 뭐 이런 게 있냐며 아들이 분개했고
이번에는 내가 울었다

사십 년 전의 나는
그 고통이 나로서 끝나기를 바랬다
아니 그렇게 될 것이라고 믿었다
그러나 아직까지 변한 것은 하나도 없이
이번에는 아들이 끌려가며 울부짖는다

여전히 휴전국인 분단된 조국에서
나는 할 말이 없다
몸조심하라는 당부밖에 무슨 말을 더 하겠는가

관포지교(管鮑之交)

— P에게

친구여! 나에게도 벗이 있다니 너 같은 벗이 있다니
너를 생각하면 언제나 아름다운 이야기가 떠오르네

취업에 번번이 실패해도 무능하다고 놀리지 않았던 너
사람은 저마다 각자의 운수가 있다고 하였지

직장을 관두고 낙향해도 한심하다고 나무라지 않았던 너
사람은 저마다 각기 다른 재능이 있다고 하였지

밥값을 내지 않아도 인색하다고 불평하지 않았던 너
오히려 더 챙겨주지 못해 미안하다고 하였지

친구여, 나도 관중처럼 이 말은 꼭 하고 싶었네
나를 낳은 이는 부모였지만 나를 알아준 이는 너,
바로 너였다고

내 빗질의 변천사

나의 이십대는 뒷주머니에 도끼 빗이 있었다
이십대의 빗질은 사뭇 도끼질을 닮아서
청년무사의 위용과 기상이 있었다

나의 삼십대는 꼬리 빗이 그 자리를 차지했다
삼십대의 빗질은 흡사 붓질을 닮아서
서예가의 조신(操身)과 품격이 있었다

나의 사십대는 핀 브러쉬가 그 자리를 차지했다
사십대의 빗질은 더 이상 빗질이 아니라
초로(初老)의 여인처럼 안타까운 마사지였다

나의 오십대는 마침내 빗으로부터 해방되었다
빛나는 시대를 맞이하여 남은 빚을 모두 갚으면
단풍나무처럼 빈손으로 겨울을 맞을 것이다

문맹(文盲)의 현대화

내가 어린 시절엔 글을 몰라 길을 묻는 사람들이 많았다
나는 소위 지성의 상징이라는 대학까지 다녔다
그래서 적어도 나는 문맹은 아니라는 자부심은 있었다

요즘 아이들은 모두가 다 똑똑하다
샘 드니처럼 머리 하나는 각자 손에 들고 다니기 때문이다
대학까지 나온 나도 가끔은 별수 없이 그들에게 길을 묻는다

이제 문해력은 학벌이나 나이의 문제가 아니다
지식은 더 이상 경험과 연륜을 필요로 하지도 않는다
그러니 나이 많다고 까불지 마라 배웠다고 으스대지도 마라

세상의 온갖 지식은 휴대용 머릿속에 다 들어있다
오늘날의 문맹은 낫 놓고 기역자도 모르는 것이 아니라
아무것도 검색하지 않는 것이다 검색하라 부단히 검색하라

모자

모자 좀 쓰고 다니쇼
맨머리로 나설라치면 어김없는 아내의 핀잔

마술사의 모자 속에서는
비둘기가 나와 경탄을 자아내지만
내 머리는 놀람교향곡 오르골

판도라의 상자를 열면
일순간도 지체 없이 뮤직 큐

만인을 위하여
매일 아침 봉인하노라

돈과 명예

#1

아버지는 가난했지만 돈보다 명예를 소중하게 여기라 하셨다
부모에게 순종하는 자식은 아니었지만 그 말씀은 받아들였다
그래서 부자는 둘 다 가난하였다

#2

돈과 명예는 양자택일의 문제가 아니었다
돈이 없으면 지킬 수 없는 것이 명예였다
거지처럼 벌어서 정승처럼 쓴다는 말처럼 돈이 곧 명예였다

#3

돈은 쓰는 맛이고 술값은 내는 맛이라 하였다
가난한 나는 순한 양이 되었고 얻어먹는 술맛은 언제나 쓰디썼다
가난한 사람에게는 화려한 날보다 고적한 날이 더 좋은 것이다

#4

가난한 나는 불러낼 친구가 없다
가난한 나는 놀러갈 여비도 없다
가난한 외톨이는 별 수 없이 독서를 하고 글을 쓴다
돈은 없지만 명예는 지켰다

이팝꽃

하고많은 날 중에 하필이면
먹을 것도 없는 이 때 생일이 들었냐고
울먹이던 어머니
아무리 없어도 명색이 생일인데
어떻게 그냥 넘어 가냐고
허둥대던 어머니
꿈도 안 꾼 생일상에
모락모락 김 오르는
하-얀 고봉밥
그날을 어떻게 잊어
절대 못 잊어
아무리 없어도 명색이 생일인데
어떻게 그냥 넘어 가냐고
보릿고개 고갯길에 입하(立夏) 꽃 폈네

고드름

폭설이 내리고 혹독하게 추운 밤
술 한 잔 생각이 난다

날이 풀리면 친구를 만나러 가야지
그렇게 견디는 겨울

마침내 환해지는 창문을 보며
오늘은 괜찮겠지
밖으로 나가 마루에 서면

처마에서 마당까지 온몸으로 막아서는
무뚝뚝한 쇠창살

물을 끓이며

항상 기뻐하라,
쉬지 말고 기도하라,
범사에 감사하라

- 데살로니가 전서 5장 16절~18절 -

주여!
오늘도 하루 일을 무사히 마치고 저녁의 안식을 허락해주셔서 감사드립니다

주님께서는 꼭 필요한 만큼의 햇빛과 적당한 비를 주셔서 이 땅의 곡식들이 여물고 과일들은 충분히 익었습니다. 그리하여 저희들 모두가 배불리 먹을 수 있도록 풍성한 식탁을 마련하여 주신 것 또한 감사드립니다

이렇게 감사하고 감사한 오늘 저녁 주전자에 물을 끓이며 다시 한 번 주님의 은혜를 생각합니다. 물은 그 온도를 99도까지 올려도 나머지 1도를 더 올리지 못하면 끓지 않는다고 배웠습니다. 그러나 인간의 능력은 언제나 99까지밖에 안되며 결코 100이 될 수 없음을 잘 압니다. 주님께서는 저희들의 기도를 들으사 반드시 그 부족한 하나를 채워주십니다. 그러기에 저희가 못다 이룬 것이 있다면 그것은 오직 저희들의 노력이 부족했음을 알고 반성합니다. 행여 욕심 많은 저희들의 기도가 응답받지 못할지라도 절대 원망치 않고 주님의 숨겨진 뜻과 원대한 계획을 믿고 따르는 순종의 은사를 허락하여 주시기 바랍니다

주님! 오늘도 주님의 은혜로 마실 물이 마련되었습니다. 이제 저희들은 아무런 걱정도 없이 잠이 들고, 내일은 다시 행복한 아침을 맞을 것입니다. 저희들 모르게 저희들의 부족함을 찾아 채워주시는 주님께 무한한 영광과 감사드립니다. 아멘

4

환상역 대합실에서

환상역 대합실에서

가고 싶은 곳은 많은데 열차는 모두 매진
환상역 대합실에서
나는 별 수 없이 다음 차를 기다린다

아무리 기다려도 잔여석은 없다고 하고
나보다 늦게 온 사람들이
나보다 먼저 열차를 타러 나간다

사람들은 하나 둘 열차를 타러가고
사람들은 또 하나 둘 어디론가 떠나가는데
나만 홀로 텅 빈 대합실을 지킨다

승차권은 팔지 않고
승차권은 살 수 없고
어디서 구했는지 알 수 없는 표를 받고
나만 모르는 열차는 계속 떠난다

돌탑

누군가 세운 돌탑이 뒷사람의 이정표가 되었다
나는 남을 위해 무엇을 하였는가 무엇을 남겼는가
이름 없는 돌탑을 보면 지나온 내 인생이 부끄럽다

부용정(芙蓉亭)

못물이 흐리니
손대신 발을 씻고
화를 가라앉혔다

두 발을 담근 채
곰곰 생각해보니
혹시 나는 겁쟁이가 아닐까

세상이 전부 다 미쳐가니
멀쩡한 사람은
점점 더 견딜 수 없음이여

어떻게든 살아서
연꽃을 피우고
한 사람의 의인이 되자

매화찬 (梅花讚)

쉬-! 물렀거라!
개선장군 행차시다

자-! 이제 승전고를 울려라!
거리는 온통 환희의 축제

동장군 물리친 승리의 퍼레이드
광란의 소음 속에
어디선가 들려오는 작은 목소리

찬양하라! 승자의 영광을!
기억하라! 패자의 죽음을!

아뿔싸! 승패는 하늘에 달렸으니
군자는 자기를 뽐내지 않는구나!

초상화

현재는 표절된 과거
아비 닮은 자식들이 계속되는 한
이 세상은 그 얼굴이 그 얼굴

같은 얼굴은 하나도 없다고
명 짧은 인간들이 이러쿵저러쿵
그래도 지구는 돈다

첫 비행

넘어지지 않으려고 활개를 쳤을 뿐인데

공중으로 온몸이 솟구쳤다

첫 비행은 짜릿했지만

나는 이제 두 발 달린 짐승이 되었다

환승역

한번 타면 종점까지 가는 사람들이 부럽다

코까지 골며 가는 사람 옆에서
나는 엉거주춤 내릴 곳을 찾는다
내가 앉을 빈자리를 기대하면서
다른 차로 바꾸어 탄다
여기도 만석이다
저기도 만석이다
자리가 없는 나는 종점까지 갈 수가 없다
나는 다시 내려 새 차를 기다린다
기다리다 점심을 먹고
기다리고 기다리다
마침내 저녁이 온다

오늘도 나는 종점까지 가는 차를 타지 못하고
환승역에서 또 하루가 간다

바른쪽 길로 갈거야

나는 갈거야
바른쪽 길로 갈거야

외길 걷다가 만나는 갈림길
두 갈래 길 중에 바른 쪽으로 갈거야

한쪽은 지름길
다른 쪽은 에움길
친절한 이정표 앞에서
모두가 망설일 때도
나는 무조건 바른쪽 길로 갈거야

전후좌우 불문곡직(前後左右 不問曲直)
나는 반드시 바른쪽 길로만 갈거야

기다림

기다리는 버스는 오지 않고
기다렸던 버스가 온다

기다렸던 버스라도
기다렸던 그때 오지 않고
기다리지 않을 때 그때 온다

오늘도 너를 기다린다
기다리는 너는 오지 않고
한 사람도 오지 않고
기다리는 사람들만 기다린다

네가 오지 않는 것은
내가 너를 기다리기 때문이고
아무도 오지 않는 것은
모두가 모두를 기다리기 때문이다

기다리는 버스는 오지 않고
기다렸던 버스만 온다

비밀은 없다

두 눈엔 덮개가 있어 선택할 수 있지만
두 귀는 덮개가 없어 선택할 수 없기에

보기 싫은 건 눈 감으면 되지만
듣기 싫어도 귀 닫을 수 없으니

무에서 유를 창조한 거 빼고는
들어온 것이 나가는 것은 닷하지 마소

기찻길

기차는 끝없이 달려가고 싶지만
철길은 반드시 그 끝이 있구나

섬

밋밋한 초원 위에
웅크린 사자 한 마리

얼핏 잠든 바위 같지만
풍랑은 그를 깨운다

파도가 높을수록
점점 더 또렷해지는
그 모습

바람이 잦을수록
더욱 더 간절해지는
나의 꿈

여우비 장대비

여우가 시집가는 날
노총각 눈물

호랑이 장가가는 날
노처녀 눈물

노총각은 언제 장가 간다냐
노처녀는 언제 시집 간다냐

노처녀 노총각
대숲 같은 뒤안길에
내리는 장대비

홍시(紅柿) 2

너를 만나러 가는 길
오르막길
시계는 천천히 간다

너를 만나고 가는 길
내리막길
시계는 빨리도 간다

수양버들 2

여보게, 긴 머리 총각
하루 종일 물가에 앉아 무얼 그리 낚으시나
수염도 깎지 않고 한 눈 팔지 않아도
여태 하나를 낚지 못해 홀아비 신세
물속은 알면서도 물정은 모르나 보오
요즘 여자들은
터프한 남자보다 미남자를 좋아한다오

당산역(堂山驛)에서

여기는 도시 한 복판
지금은 과학과 민주의 시대
〈작지만 강하게〉
〈소수에서 다수로〉
날마다 쏟아지는 새로운 기술
예외 없이 고르게 흩어진 생각

위기는 기회다
복음의 세계화

믿음과 소망과 자랑 중에
그 중에 제일은 믿음이라
〈예수천국 불신지옥〉
믿습니다
믿으세요

시절이 맞지 않으면
누구도 그 뜻을 펼 수 없거늘
영웅은 물러섬이 없구나

하늘에 계신 우리 아버지,
오늘 우리에게 일용할 상식을 주셔서
우리를 시험에 빠지지 않게 하시고
사이비(似而非)의 뜻이
하늘에서 미루어진 것같이
땅에서도 미루어지게 하소서

치명자 산(致命者 山)에서

마음이 가난했기에
기꺼이 남매처럼 살았던 동정부부
유중철 요한
이순이 루갈다

소중한 것을 모두 바치고
목숨밖에 남은 것이 없을 때
악마는 다가와 그 믿음을 시험하였네

겟세마네 동산의 예수님은
하늘 향해 다시 무릎을 꿇고

〈누이여, 천국에서 만납시다〉
〈오라버니, 감사합니다〉
서로를 격려하며
동백꽃처럼 살았던 처녀와 총각

먼 훗날 어느 봄날
십자가 밑에 흩어졌던 홍안(紅顔)을 한데 모아
여기 산중턱에 꽃 무덤을 만들었더니

시묘(侍墓)살이 배롱나무
붉은 피땀 그날처럼 다시 흘리고

멀리서 지켜보고 있었네
자애로운 성모 마리아

5

나뭇잎의
화석학

나뭇잎의 화석학(化石學)

아무리 봐도 나뭇잎은 물고기 같다

나무 밑에서 물고기 화석을 주웠다

겉모양만 그런 것이 아니라 뼛속까지 닮아있다

잃어버린 고리를 하나 찾은 것인가

고추잠자리

고추잠자리가 풋고추의 길몽인지
풋고추가 고추잠자리의 악몽인지
나는 모른다

다만 한 가지 내가 확실하게 아는 건
모든 고추는 신혼비행을 꿈꿀 권리가 있다는 것

아파트

우리 마을의 명물 대나무 숲이 없어졌다
대신 그 자리에 근사한 아파트가 생겼다

아파트 이름은 〈우후죽순〉
이름 그대로 하루아침에 땅 밑에서 솟아올랐다

새로 생긴 빌딩숲은 말라죽은 대나무 같다
도대체 몇 층인지 알 수 없는 까마득한 마천루
한줌 햇빛도 용납지 않는 빽빽한 죽림

집안은 전혀 들여다 볼 수 없지만
밤이면 누군가 등대처럼 불을 밝힌다

우리 마을은 전에 없던 개미떼가 몰려다니고
그중에 아는 얼굴은 보이지 않는다

군경묘지에서

죽어서도 눕지 못하는 사람들이 있다

천연잔디 파릇한 연병장에 가보라
용사는 아직도 계급장을 떼지 못하고 부동자세로 직립해 있다

백마고지 참호에서 사격자세 그대로 발굴된
이등병의 유해를 보았는가
그는 아직도 적을 향해 총을 겨누고 있었다

빗발치는 총알이 철모를 뚫고 두개골을 관통했어도
그의 두 손은 방아쇠를 놓지 않았다

천연잔디 파릇한 묘지에 가보라
용사는 죽어서도 눕지 못하고 우리를 지키고 있다

물

물은 잘난 체를 하지 않는다
우뚝 솟은 산처럼 뻐기지도 않는다

물은 아무리 낮은 곳이라도 기꺼이 내려간다
어디서나 무릎을 꿇고 눈높이를 맞추어준다

물은 수직을 거부하고 수평을 지향한다
깊은 골은 메우고 높은 마루는 깎아서 평평하게 만든다

물이 산처럼 높이 일어설 때도 있지만 그것은 화가 났을 때뿐이다
오만의 바벨탑을 쓸어버리면 물은 곧장 평정심으로 돌아간다

수직은 순간이고 수평은 영원이다
물은 만물의 시작이요 끝이다

거울과 저울

거울과 저울은 함께 놓을 일이 아니다

둘 다 동시에 사실을 말할 때

아니라고 말할 사람 누가 있겠는가

때로는 사실보다 중요한 것이 있다

만물의 심리학, 접지선(接地線)의 원리

한여름 벼락 맞은 세탁기
왕진 오신 에이에스(a/s) 기사님
접지선이 없어서 그랬다고 혀를 찹니다

접지선이 뭐냐고 하니
전기도 사람처럼 편한 것을 좋아해
저항이 적은 길을 만들어 유혹하는 거랍니다
말하자면 의자 같은 거래요

그 말씀 듣고 보니
앉으면 눕고 싶고
누우면 자고 싶은
그 마음도 자연의 생리인 것을
죄 없는 게으름만 탓했었군요

그 누가 막을 수 있나요
눈도 안 뜬 새끼가 어미 품을 찾듯이
땅에서 난 것은 본능처럼 땅으로 깃드는 것을

소리의 심리학

목소리는 높을수록 좋고
북소리는 낮을수록 좋다

고음은 영혼을 고양하고
저음은 마음을 선동하니

천국까지 올랐다가 구름 같은 꿈을 꾸고
지옥까지 들렀다가 바위 같은 용기 얻네

등산의 이유

어차피 다시 내려올 거
뭐 하러 산에 올라가느냐고
농담처럼 당신은 제게 물었었지요

누군가는 말했었다죠
그냥,
산이 거기 있으니까 그냥 오른다고

벌써 잊진 않으셨겠죠
다람쥐 쳇바퀴 돌듯
도저히 멈출 수 없었던
유년의 미끄럼틀

저는 복습하러 간답니다
고통을 먼저 지불하고 나중에 기쁨을 얻는
선지급 후정산

두 발 자전거

사람은 태어나서 걸음마를 두 번 배운다
한 번은 뒷발로
한 번은 앞발로

땅 디딘 앞발을 버리고 뒷발로 일어설 때
그는 소인이 된다

놀고 있는 앞발로 손잡이를 움켜쥘 때
그는 대인이 된다

환절기 유감

임란 때 왜구들 북상하듯
진격하는 사쿠라
전국을 덮치는 백색공포

동란 때 괴뢰들 남하하듯
진격하는 빨갱이
전국을 덮치는 적색공포

동백꽃

꽃 한 송이 떨어졌네
오늘 아침 또 떨어졌네
망나니 칼춤 추던 그날처럼
꽃 한 송이 툭 떨어졌네

땅바닥에 떨어져
며칠을 더 살아 숨쉬는
핏빛 꽃 한 송이

과거를 잊으면 미래가 없다
죽음을 기억하라
뒷일을 부탁하며 눈을 감네

잔혹한 겨울은
해마다 그 목을 다시 요구하고 있었네
봄은 언제나 그 핏값으로 오고 있었네

죽부인(竹夫人)

천성은 대쪽 같지만 겉보기엔 시원한 여자

이 한 몸 인류 위해 바치었거늘

헤프다고 흉보는 놈은 두고 보라지

더운 날에 나 말고 누굴 찾을지

지금 당장이라도 돈 주고 사고 싶은 여름

석류

어젯밤 문 앞에
청사초롱 달아놨더니
누가 대신 바꿔갔나요
청색 복주머니

어젯밤 집 앞에
홍사초롱 걸어놨더니
누가 대신 바꿔갔나요
홍색 복주머니

초롱불 하나에 하룻밤 근심을 덜고
초롱불 하나에 한 사람 기쁨을 얻네

불 밝히자
불 밝혀라
이 세상 곳곳에 초롱불 걸어
어둠을 몰아내자
너나없이 홍복(洪福)을 누리자

대나무

뉘 집 자식인지 참 반듯하게 자랐구나

사회생활의 기본은 거리두기지

겨드랑이에 다소곳이 팔 붙인

동방예의지죽(東方禮儀之竹)

배롱나무

열흘 붉은 꽃은 없다더니
백일 붉은 꽃 여기에 있어

오늘 하루도 초심을 떠올리며
중심을 잃지 않고
매 순간을 진심으로 대했는가

날마다 반성하여 허물을 벗겨내고
스스로 잘못을 고치며 기도하느니

그대 다가가 엿보지 마소
백일에서 하루만 부족해도
공든 탑 무너진다오

곰솔나무

기골이 장대하고 용모는 수려하니
겉모습은 왕재(王才)로다

강하면 부러지고 곧으면 휘어지는 세상의 이치
성품이 강직하면 재난을 면할 길이 없다오

어떤 이는 제 팔을 들어올려
높은 벼슬 얻었거늘
잠깐의 아첨도 가납치 않는 자는
그 팔을 잘렸도다

처지는 딱하지만 어쩔 수가 없다오
여태껏 그렇게 살고 그렇게 죽었다고
아무도 세상을 바꾸려고 하지 않으니

신은 있는가라는 질문에 대하여

신은 있는가라는 질문에 대하여
감히 누가 사실판단을 할 수 있겠는가
이것은 질문이라기보다는
절대중립의 신에 대한 약자의 원망과 절규이다
따라서 우리의 관심은
신의 존재증명이 아니라 가치판단의 문제로 전환되어야 한다

내게 있어 신은 있는가라는 질문은
존재의 문제가 아니라 당위의 문제로 전환된다
강자를 위해서나 약자를 위해서나 신은 반드시 있어야만 한다
선을 위해서도 악을 위해서도 신은 또 있어야만 한다
나는 당위로서의 신은 있다고 믿는다

우정의 수학공식

서로 다른 두 사람 가와 나를 잇는 선이 있다
이 선의 길이를 두 사람 사이의 거리라 한다

서로 다른 두 사람 가와 나를 잇는 선은 무수히 많다
그 선이 곧 길이다

그 길의 수는 시간에 비례하고,
그 길의 거리는 시간에 반비례한다

이진법 인생

빈부귀천(貧富貴賤)
대소장단(大小長短)

선악미추(善惡美醜)
상하좌우(上下左右)

셈법은
단지 둘밖에 모르는
반신불수(半身不隨)

6

산은 항상 그곳에 있었다

산은 항상 그곳에 있었다

산은 항상 그곳에 있었다
미뤄둔 숙제처럼
오르지 못한 산이 그곳에 있었다

바쁜 날엔 바빠서 가지 못하고
즐거운 날엔 즐거워서 가지 못하고
언제나 마음으로만 가는 산이
그곳에 있었다

꽃 피고 낙엽 지고 흰 눈 내리 쌓여도
먼발치서 바라만 볼 뿐
한 번도 찾지 못한 산이 그곳에 있었다

그래도 오늘 하루를 또 무사히 사는 것은
그 산(山)의 외호(外護)일지니,
얼마나 다행인가
언젠가 기쁨이 다하는 날
그때에나 찾아가도
맘껏 안길 수 있는 산이 있다는 것은

시계와의 동거

지금 방안에 살아있는 것은 시계와 나 둘뿐이다. 물론 살고 있는 것이라고 해야 더 정확한 표현일지 모르겠지만 내가 동거인으로 인정하는 것은 시계밖에 없다는 것과 시계의 존재를 의식하며 살고 있는 생명체는 나 하나밖에 없다는 뜻으로 받아들였으면 좋겠다.

사실 시계와 나의 인연은 천성이 게으른 내가 일방적으로 시계를 흠모하면서 시작되었다. 애초에 나는 초상화처럼 내 방 가장 높은 곳에 시계를 걸어놓고는 가끔씩 바라보는 것으로 만족하였다. 그런데 언제부턴가 나와 마찬가지로 시계도 점점 노쇠해지고 있었던 모양이다. 둘이 동시에 같은 증상을 겪다보니 한동안은 아무 것도 모르고 지내다가 어느 날 아침 출근시간을 놓치고 지각하는 사태에 이르러서야 비로소 이 사실을 알게 된 것이다. 나는 황급히 보약을 구해 시계랑 사이좋게 나누어 먹었다. 문제는 이로부터 시작되었다. 약을 먹자마자 금세 예전과 마찬가지의 기력을 회복한 시계와 달리 나는 영 나아질 기미가 없었던 것이다. 그러자 여태 자상한 친구와도 같았던 시계가 갑자기 돌변하여 나의 일거수일투족을 내려다보면서 지시를 일삼는 것이었다. 그날 이후 나는 시계의 두 손이 움직일 때마다 가슴이 뛰고 숨이 막히는 불안증에 시달리게 되었다. 아무리 서둘러도 시계는 항상 저만치 앞에서 다그치고 있으니 나는 계속 숨 가쁘게 뛰어야 하고, 또 그렇게 뛰어도 시계와의 거리가 좁혀지지 않으니 나의 일상은 나날이 버거워졌다. 결국 나는 과감히 시계와 작별키로 했다. 그러나 해방감은 오래가지 못했다. 불과 며칠 지나지 않아서 나는 아무 것도 알 수 없었고 아무 것도 할 수 없었다. 내게 필요한 것은 오직 하나, 시계의 구원뿐이었다.

지금의 나는 시계의 신민이나 다름없으나 불만은 전혀 없다. 최근 은퇴한 내가 아직은 살아있음을 일깨워주고, 또한 그러한 나의 존재를 인정하고 상대해주는 이는 오직 시계밖에 없다는 것을 깨달았기 때문이다. 요즘엔 부쩍 시계의 건강이 걱정이 되어 슬며시 그의 거동을 살펴보는 버릇까지 갖게 되었다.

오일팔 직후

오일팔 그 해, 나는 고 3이었다

사람이 짐승처럼 유린되고 있다는 풍문만이
어린 학생들의 가슴까지 다가와서 그림자를 드리우고,
도심을 횡행하는 탱크부대의 공공연한 협박은
풍문이 사실임을 말하고 있었다.
선량한 시민들은 날마다 놀란 가슴을 쓰다듬으며
사태를 주시하고 있었다

마침내 늑대가 양을 늑대라 칭하며
늑대사냥을 멈추지 않았을 때
우리들은 분노했다

정당한 분노는 표현되어야 하고, 그것은
학생의 사명이라는 일부의 수군거림이
우리들 모두의 가슴속에서 승인되었을 때
우리들은 교실을 박차고 운동장으로 나갔다

그러나 힘센 늑대에게
어린 학생들이 할 수 있는 것이라고는 고작
부탁과 절규일 뿐이었다

정문은 닭장차로 봉쇄되고, 중무장한 군인들은
담장처럼 겹겹이 우리들을 에워싸고 있었다
상상 밖의 많은 병력과 공중을 선회하는 헬기에 압도되어
우리들의 외침이 잦아들 무렵
고등학생 연대시위가 무산되었다는 소식은
교문 밖으로 진출하려던 당초의 계획은 물론
교내 시위에 대한 의욕마저 꺾고 말았다

강당에 모여 진행된 토론 끝에 내린 결론은
백기를 드는 것이었다

정오 지나 투항병의 때 이른 하굣길엔
명찰을 떼어내고 모자를 푹 눌러써도
걸음마를 다시 배우듯 발걸음이 어색해졌다

그날 이후 악은 권력이 되었고,
그 권력은 다시 선으로 둔갑하였으나
우리들은 누구도 그날을 잊지 않았다

기도

나의 슬픔과 나의 아픔
잠시라도 들어줄 이
지금 이 세상엔 아무도 없습니다

누구나 바라는 건
달콤한 웃음뿐,
이제 나의 울음은
굳게 다문 입속으로 삼켜야 할
부끄럼이기에
죄 없는 혓바닥은
아무것도 뱉지 못하고
쓴맛을 참고 또 참습니다

참아도
참아도
도저히 견딜 수 없을 때
그때서야 이렇게
당신 앞에 무릎을 꿇었습니다.

그리하여 갑작스레 쏟아지는 눈물
아무도 모르게 당신께만 보이옵나니
이 세상 모든 슬픔은 하나도 남김없이
이 세상 모든 아픔은 하나도 남김없이
거두어 주시옵소서
거두어 주시옵소서

새벽예불

도량석 목탁소리에
새벽
눈 뜬다

아직 눈가에 남아있는 졸음은
준엄한 쇠종소리로 쫓아버리니

(계향 정향 혜향 해탈향 해탈지견향)

온갖 번뇌는
향 내음 되어 사라지고
염불소리만
법당 가득 쌓인다

그래도 못다 버린 습기(習氣)는
불쑥 불쑥 고개를 치켜드나니
무거운 이마를 방바닥에 찧으며

(지심귀명례 삼계도사 사생자부 시아본사 석가모니불)

나를 버리고
나를 비워서

마침내

내가 사라지고
너도 사라지면

아무도 없는 법당에서
부처님 홀로 웃으시매

(원공법계제중생 자타일시성불도)

온 세상이 환히 밝아온다

영월암 가는 길

염불소리 들리었다
손가락 가리키는 곳,
저기 성산 위에서
가부좌 튼 구름이
화두를 참구하고 있었다

기암도 없고 괴석도 없는 비탈길
위엄도 없고 기교도 없는 전각들

달빛을 사경하며 수행하던
연못이나 있었을까 한때는

낮추고 낮추어 가장 낮은 자세로
정토가 되었구나 지금은

나무 서방대교주 무량수여래불
나무 아미타불 나무 아미타불

생사가 본래 없으니 오고감도 없어라
슬픔도 없고 기쁨도 없으니 무엇을 더 구하랴

염불소리 그치었다
바람이 잦아드는 곳,
여기 법당 옆에서
명경을 든 노송이
고개를 끄덕이고 있었다

도토리묵

망고모자 속에 동자승 같이
미소 짓던 아버지의 마음이
둥근 접시 위에 날생선 같이
통통 뛰는 어머니의 솜씨로
천년 묵은 자태를 드러내다

울타리

울타리 속에 갇힌
나의 일상은
탈옥과 투옥의
무한반복일 뿐이다

탁란(托卵)

계절은 봄이로되 마음은 봄 아니 되어
행여 봄 찾을까 집밖으로 나섰더니
호숫가의 개구리는 씨 뿌리고 사라진지 언제인지
홀로 남은 산 그림자
구름 같은 알을 대신 품고 있구나!

칫솔

칫솔은 주인을 닮았나봐

안방에 벌렁 누운 아빠
거실에 우두커니 앉아있는 엄마
거울 앞에 삐딱하게 서 있는 누나
방문 철봉에 끙끙 매달린 나

칫솔만 봐도 누구 것인지 금방 알겠네

석산(石蒜)

제가 왔을 때 당신은 벌써 떠나고 아니 계시더군요
어떻게 다시 기다릴까요
기약을 한 것은 아니었지만
손꼽아 삼백 육십을 헤아렸는데……,
붉은 입술에 긴 속눈썹만 아니면 망부석처럼 움쩍 않고 있으련만
훌쩍 큰 키에 가릴 것 없는 제 모습이 어색하답니다
화장기 없는 모습이 좋을까요?
당신께서 아직 안 오셨다면
맨 얼굴도 마다않고 언제까지나 서 있을 텐데
당신이 떠난 후의 하루는 지난 일 년의 망설임보다 부끄럽답니다
차라리 내년에 다시 찾아올게요
당신보다 먼저 와서 발돋움하고 서있을게요

벚꽃이 필 무렵

봄이 오는 시골장터에 왁자지껄 장사꾼소리

튀밥장수 아저씨 듣다못해 뻥이요 뻥, 하고 외치면

벼락 맞은 시장바닥은 까르르 웃음 천지야!

늙은 호박

오랜만에 찾아간 시골집 텃밭에서
찬거리로 고추 따고 오이 따고
국거리로 호박잎을 뜯으려다
아이고!
언제 저리 늙으셨나
그늘 속에 앉아계신 어머니

억새밭

오랑캐의 선발대가 벌써 왔단 말인가!
북방의 설인(雪人)모냥 훤칠한 키에
솟아오른 봉긋머리는 흰색의 꽁지깃털
푸르른 우리 산하(山河)에 전운(戰雲)이 감도네

연하장

까마득히
잊고 살다가

오늘
그대 소식에

또 한 해가
가는 구려

불면(不眠)

생각하지 않겠다는 생각조차
생각하지 않으려고 자꾸만 생각하다가
끝내는 잊지 못하고
밤새 잠 못 드는 나,
저기 밤하늘의 별처럼

달의 항해

– 권토중래를 꿈꾸며

뭇별들 여기저기 한데 모여 속살대는데
조각달 혼자서 검은 강 건너가네
외론 밤 지나고 나면 서녘 땅에 닿겠지

샘 많은 먹장구름 벌떼같이 앞길 막아도
손톱달 될지언정 쉬지 않고 노를 젓네
힘든 날 견디고 나면 둥근 달이 되겠지

어두운 밤일수록 달은 더욱 밝게 빛나고
구름 많은 날일수록 꿈은 더욱 드높아지네
나는야 먼 길 가는데 어찌 때를 가리리

바람소리

나를 부르는 소리에 잠이 깼다
집엔 아무도 없었다
텅 빈 방안이 갑자기 광야(廣野)처럼 느껴졌다

도대체 어떻게 된 일일까?

그림자 같은 것이 얼핏 창문을 스쳐갔다
누군가 다시 나를 부르는 듯 내 이름 소리가 들려왔다
나도 모르게 대답하려던 입을 두 손으로 막으며
큰일 날 뻔했다고 생각했다, 한밤중에 가끔
귀신들이 찾아와서 산 사람 이름을 부르는데
대답하는 사람은 귀신에게 잡혀간다는
이야기가 떠올랐다
나는 이불을 뒤집어 쓴 채
결코 대답해서는 안 된다고 다짐하며
잠이 들었다

도대체 누구였을까?

오줌싸개의 추억

이제 막 잠에서 깬 나를 할머니가 부르시더니 아랫집에 가서 소금 좀 얻어오라며 키를 건네주었다. 얼결에 키를 받아든 나는 꼭두새벽부터 무슨 심부름이냐고 투덜거리며 아랫집으로 갔다. 아침밥을 짓고 있던 아랫집 할머니는 〈너 이놈, 어젯밤에 오줌 쌌구나!〉라고 말씀하시며 웃는 것이었다. 나는 할머니가 소금을 얻어오라고 해서 온 것뿐인데 도대체 무슨 말씀을 하시는 거냐고 역정을 내며 보란 듯이 키를 내밀었다. 뜻 모를 미소를 지으며 부엌에서 나오신 아랫집 할머니는 내 머리에 키를 씌우더니 손에 들고 있던 부지깽이로 갑자기 북치듯 사정없이 두드리는 것이었다. 아랫집 할머니의 난데없는 행동에 놀란 나는 큰 소리로 울면서 수탉에게 쫓기는 암탉처럼 마당을 이리저리 뛰어다녔다. 얼마 후 아랫집 할머니는 키를 벗기더니 〈앞으로는 오줌 싸면 안 된다〉고 말씀하시며 장독대에서 소금을 한 바가지 듬뿍 떠 주는 것이었다. 집으로 돌아가는 내 옆구리의 키 속에서는 딸꾹거리는 하얀 소금이 나처럼 짭쪼름한 웃음을 훑고 있었다.

친구

모두가 떠나갈 때
너는 내게로 왔다

조용중 두 번째 시선집

내가 먼저 숲이 되어

초판 발행 2023년 1월 25일

지은이 조용중
펴낸이 방성열
펴낸곳 다산글방

출판등록 제313-2003-00328호
주소 서울특별시 마포구 동교로 36
전화 02-338-3630 / 070-8288-2072
팩스 02-338-3690 / 02-6442-0292
이메일 dasanpublish@daum.net
　　　　iebookblog@naver.com
홈페이지 www.iebook.co.kr

ⓒ 조용중 2023, Printed in Korea

ISBN 979-11-6078-264-6　03810

* 이 책은 저작권법에 의해 보호받는 저작물이며, 저자와 출판사의 서면 허락 없이
　내용의 전부 또는 일부를 인용하거나 발췌하는 것을 금합니다.
* 제본, 인쇄가 잘못되거나 파손된 책은 구입하신 곳에서 교환해 드립니다.
* 책값은 뒤표지에 있습니다.